Die Offenbarung des Johannes

Benedikt XVI.

Die Offenbarung des Johannes

(K)EIN BUCH MIT SIEBEN SIEGELN

Erkenntnisse

Gedanken

Impulse

benno

Bibliografische Information der Deutschen Nationalbibliothek
Die Deutsche Nationalbibliothek verzeichnet diese Publikation in der Deutschen Nationalbibliografie; detaillierte bibliografische Daten sind im Internet unter http://dnb.d-nb.de abrufbar.

Besuchen Sie uns im Internet:
www.st-benno.de

Gern informieren wir Sie unverbindlich und aktuell auch in unserem Newsletter zum Verlagsprogramm, zu Neuerscheinungen und Aktionen.
Einfach anmelden unter www.st-benno.de

ISBN 978-3-7462-4175-3

Umschlaggestaltung und Layout: Ulrike Vetter, Leipzig
Gesamtherstellung: Kontext, Lemsel (D)

INHALT

Eine Symphonie des Gebets 7

Maria, Tor des Himmels 33

„Ich mache alles neu“ 43

EINE SYMPHONIE DES GEBETS

Die Offenbarung des Johannes

Eine Symphonie des Gebets

Ein Lied zum Lobpreis Gottes

Die Offenbarung des Johannes

Während weder das vierte Evangelium noch die Briefe, die dem Apostel (Johannes) zugeschrieben werden, seinen Namen enthalten, erwähnt die Offenbarung sogar vier Mal den Namen Johannes (vgl. 1,1.4.9; 22,8). Offensichtlich hatte der Autor einerseits keinen Grund, seinen Namen zu verschweigen, und wusste andererseits, dass seine ersten Leser ihn genau identifizieren konnten. Wir wissen aber, dass die Gelehrten bereits im 3. Jahrhundert über die Identität des in der Offenbarung erwähnten Johannes diskutierten. Zu guter Letzt könnten wir ihn auch den „Seher von Patmos" nennen, weil seine Gestalt mit dem Namen dieser Insel im Ägäischen Meer verbunden ist, wo er sich nach seinem autobiografischen Zeugnis „um des Wortes Gottes willen und des Zeugnisses für Jesus" (Offb 1,9) in der Verbannung lebte. Eben auf der Insel Patmos hatte Johannes, „am Tag des Herrn ... vom Geist ergriffen" (Offb 1,10), großartige Visionen und hörte außerordentliche Botschaften, die die Geschichte der Kirche und die ganze christliche Kultur nicht wenig beeinflusst haben. Zum Beispiel ging der Titel seines Buches – Apokalypse, Offenbarung – in unseren Sprachgebrauch über in den Worten „Apokalypse, apokalyptisch", die, wenn auch zu Unrecht, die Idee einer drohenden Katastrophe einschließen.

Das Buch muss vor dem Hintergrund der dramatischen Erfahrungen der sieben Gemeinden der Provinz Asien (Ephesus, Smyrna, Pergamon, Thyatira, Sardes, Philadelphia, Laodizea) verstanden werden, die gegen Ende des ersten Jahrhunderts große Schwierigkeiten in ihrem Zeugnis für Christus zu bewältigen hatten: Verfolgungen und auch innere Spannungen. An sie wendet sich Johannes mit lebendigem pastoralem Einfühlungsvermögen gegenüber den verfolgten Christen, die er ermahnt, im Glauben standhaft zu bleiben und sich nicht der so starken heidnischen Umwelt anzugleichen.

Johannes hatte großartige Visionen.

Sein Thema ist im Letzten die Enthüllung des Sinns der Menschheitsgeschichte, ausgehend vom Tod und der Auferstehung Christi. Die erste und grundlegende Vision des Johannes betrifft die Gestalt des Lammes, das geschlachtet wurde und dennoch aufrecht steht (vgl. Offb 5,6), es steht in der Mitte vor dem Thron, auf dem Gott selbst bereits sitzt. Damit will uns Johannes vor allem zwei Dinge sagen:

Erstens, dass Jesus, obwohl er einen gewaltsamen Tod erlitten hat, nicht auf die Erde niedergestreckt ist, sondern paradoxerweise fest auf seinen Füßen steht, weil er mit der Auferstehung den Tod endgültig besiegt hat.

Zweitens, dass Jesus gerade aufgrund seines Todes und seiner Auferstehung bereits vollkommen an der königlichen und rettenden Macht des Vaters Anteil hat. Dies ist die grundlegende Vision. Jesus, der Sohn Gottes, ist auf dieser Erde ein schutzloses, verletztes, getötetes Lamm. Und dennoch steht er aufrecht, auf seinen Füßen, er steht vor dem Thron Gottes und hat Anteil an der göttlichen Macht. Er hält die Geschichte der Welt in seinen Händen. Und so möchte uns der Seher sagen: Habt Vertrauen in Jesus, habt keine Angst vor den feindlichen Mächten, vor der Verfolgung! Das verletzte und getötete Lamm siegt! Folgt dem Lamm Jesus, vertraut euch Jesus an, folgt seinem Weg! Auch wenn er in dieser Welt nur ein Lamm ist, das schwach zu sein scheint, so ist er doch der Sieger!

Eine der Hauptvisionen der Offenbarung hat dieses Lamm zum Gegenstand: Es ist im Begriff, ein Buch zu öffnen, das zuvor mit sieben Siegeln verschlossen war, die niemand öffnen konnte. Es wird sogar gesagt, dass Johannes weint, weil niemand für würdig befunden wurde, das Buch zu öffnen und es zu lesen (vgl. Offb 5,4). Die Geschichte kann nicht entschlüsselt werden, sie bleibt unverständlich. Niemand kann sie lesen.

Unser Beten muss ein Hören auf Gott sein, der zu uns spricht.

Vielleicht ist dieses Weinen des Johannes vor dem dunklen Geheimnis der Geschichte Ausdruck der Erschütterung der Gemeinden Asiens aufgrund des Schweigens Gottes angesichts der Verfolgungen, denen sie in jener Zeit ausgesetzt waren. Es ist eine Erschütterung, in der sich auch unsere Bestürzung widerspiegelt angesichts der großen Schwierigkeiten, dem Unverständnis und der Feindseligkeit, die die Kirche auch heute in verschiedenen Teilen der Welt erleidet. Es sind Leiden, die die Kirche sicher nicht verdient hat, so wie Jesus selbst seine Hinrichtung nicht verdient hat. Sie enthüllen jedoch sowohl die Bosheit des Menschen, wenn er den Versuchungen des Bösen erliegt, als auch die höhere Führung der Ereignisse durch Gott. Nur das geopferte Lamm ist in der Lage, das versiegelte Buch zu öffnen, seinen Inhalt zu offenbaren und dieser scheinbar oft so absurden Geschichte Sinn zu verleihen. Nur das Lamm kann aus ihr Weisungen und Lehren für das Leben der Christen ableiten, denen sein Sieg über den Tod die Verkündigung und die Zusicherung des Sieges überbringt, den auch sie zweifellos erringen werden. Die gesamte, sehr bildreiche Sprache, derer sich Johannes bedient, zielt darauf ab, diesen Trost zu vermitteln.

Im Mittelpunkt der Visionen, von denen die Offenbarung berichtet, stehen auch die sehr bedeutungsvollen Visionen von der Frau, die einen Sohn gebiert, sowie die ergänzende Vision vom Drachen, der bereits vom Himmel herabgestürzt, aber noch sehr machtvoll ist. Die Frau steht für Maria, die Mutter des Erlösers, aber zugleich steht sie für die ganze Kirche, das Gottesvolk aller Zeiten, die Kirche, die zu jeder Zeit unter großen Schmerzen Christus immer von Neuem gebiert. Und sie wird immer von der Macht des Drachens bedroht. Sie scheint schutzlos, schwach zu sein. Aber während sie bedroht und vom Drachen verfolgt wird, wird sie auch vom Trost Gottes beschützt. Und am Ende siegt diese Frau und nicht der Drache. Das ist die große Prophezeiung dieses Buches, die uns Vertrauen schenkt! Die Frau, die in der Geschichte leidet, die Kirche, die verfolgt wird, erscheint am Ende als prächtige Braut, Vorausbild des neuen Jerusalem, wo es keine Tränen und kein Weinen mehr geben wird, Bild der verwandelten Welt, der neuen Welt, deren Licht Gott selbst ist und dessen Leuchte das Lamm ist.

Nur das Lamm ist in der Lage, das versiegelte Buch zu öffnen.

Aus diesem Grund ist die Offenbarung des Johannes, obwohl sie beständige Hinweise auf Leiden, Qualen und Tränen – die dunkle Seite der Geschichte – enthält, gleichermaßen von häufigen Lobgesängen durchzogen, die gleichsam die leuchtende Seite der Geschichte darstellen. So ist zum Beispiel von einer großen Schar zu lesen, die mit lautem Ruf singt: „Halleluja! Denn König geworden ist der Herr, unser Gott, der Herrscher über die ganze Schöpfung. Wir wollen uns freuen und jubeln und ihm die Ehre erweisen.

Denn gekommen ist die Hochzeit des Lammes, und seine Frau hat sich bereit gemacht" (Offb 19,6-7).

Wir stehen vor dem typischen christlichen Paradoxon, nach dem das Leiden nie als das letzte Wort wahrgenommen wird, sondern als Durchgangsstadium zur Glückseligkeit verstanden wird und sogar selbst schon auf geheimnisvolle Weise von der Freude durchdrungen ist, die aus der Hoffnung entspringt.

Gerade deswegen kann Johannes, der „Seher von Patmos", sein Buch mit einem letzten Wunsch sehnsuchtsvoller Erwartung schließen. Er erfleht das endgültige Kommen des Herrn: „Komm, Herr Jesus!" (Offb 22,20). Es ist eines der wichtigsten Gebete der frühen Christenheit, das vom hl. Paulus auch in seiner aramäischen Form überliefert wurde: „Marána tha". Und dieses Gebet – „Unser Herr, komm!" (1 Kor 16,22) – hat verschiedene Dimensionen. Natürlich ist es vor allem die Erwartung des endgültigen Sieges des Herrn, des neuen Jerusalem, des Herrn, der kommt und die Welt verwandelt. Aber zugleich ist es auch ein eucharistisches Gebet: „Komm Jesus, komm jetzt!" Und Jesus kommt, nimmt sein endgültiges Kommen vorweg. So sagen wir voll Freude zugleich: „Komm jetzt und komm in endgültiger Weise!" Dieses Gebet hat noch eine dritte Bedeutung: „Du bist schon gekommen, Herr! Wir sind uns deiner Gegenwart unter uns sicher. Sie ist unsere freudige Erfahrung. Aber komme endgültig!" Und so beten wir mit dem hl. Paulus, mit dem „Seher von Patmos" und mit der frühen Christenheit: „Komm, Herr Jesus! Komm und verwandle die Welt! Komm schon heute, und es siege der Frieden!" Amen!

Das Leiden wird als Durchgangsstadium zur Glückseligkeit verstanden.

Eine Symphonie des Gebets

In diesem Kapitel möchte ich über das Gebet im Buch der Offenbarung sprechen, das – wie ihr wisst – das letzte Buch des Neuen Testaments ist. Es ist ein schwieriges Buch, das jedoch einen großen Reichtum enthält. Es bringt uns in Berührung mit dem lebendigen und leidenschaftlichen Gebet der christlichen Gemeinde, die „am Tag des Herrn" (Offb 1,10) versammelt ist: Denn auf dieser Grundspur bewegt sich der Text.

Ein Vorleser trägt der Gemeinde eine Botschaft vor, die dem Evangelisten Johannes vom Herrn anvertraut wurde. Der Vorleser und die Gemeinde stellen sozusagen die beiden Hauptakteure im Ablauf des Buches dar; sie werden gleich zu Anfang mit einem feierlichen Segenswunsch bedacht: „Selig, wer diese prophetischen Worte vorliest und wer sie hört" (1,3). Aus dem beständigen Dialog zwischen ihnen tritt eine Symphonie des Gebets hervor, die sich mit großer Formenvielfalt bis zum Schluss entfaltet. Wenn wir dem Vorleser, der die Botschaft vorträgt, zuhören und der Gemeinde, die darauf reagiert, zuhören und sie beobachten, dann wird ihr Gebet gleichermaßen zum unsrigen.

Der erste Teil der Apokalypse (1,4–3,22) zeigt in der Haltung der betenden Gemeinde drei aufeinanderfolgende Phasen auf. Die erste (1,4–8) besteht aus einem Dialog, der sich – einzigartig im Neuen Testament – zwischen der soeben versammelten Gemeinde und dem Vorleser abspielt, der einen Segenswunsch an sie richtet: „Gnade sei mit euch und Friede“ (1,4). Anschließend hebt der Vorleser die Herkunft dieses Wunsches hervor. Er kommt von der Dreifaltigkeit: vom Vater, vom Heiligen Geist, von Jesus Christus, die gemeinsam Anteil daran haben, den Schöpfungs- und Heilsplan für die Menschheit voranzubringen.

Aus dem Dialog tritt eine Symphonie des Gebets hervor.

Die Gemeinde hört zu, und als sie den Namen Jesu Christi hört, geht gleichsam ein freudiger Ruck durch sie hindurch, und sie antwortet mit Begeisterung, indem sie den folgenden Lobpreis erhebt: „Er liebt uns und hat uns von unseren Sünden erlöst durch sein Blut; er hat uns zu Königen gemacht und zu Priestern vor Gott, seinem Vater. Ihm sei die Herrlichkeit und die Macht in alle Ewigkeit. Amen“ (1,5b–6). Die Gemeinde, von der Liebe Christi umgeben, fühlt sich von den Fesseln der Sünde befreit und erklärt sich zum „Reich“ Jesu Christi, das völlig ihm gehört. Sie erkennt die große Sendung, die ihr durch die Taufe anvertraut wurde: die Gegenwart Gottes in die Welt zu tragen. Und sie schließt ihren Lobpreis, indem sie erneut unmittelbar auf Jesus schaut und mit wachsender Begeisterung seine „Herrlichkeit und die Macht“, die Menschheit zu retten, erkennt. Das „Amen“ am Ende schließt den Lobgesang auf Christus ab. Bereits diese ersten vier Verse enthalten einen großen Reichtum an Hinweisen für uns; sie sagen uns, dass unser Beten vor allem ein Hören auf Gott sein muss, der zu uns spricht. Von vielen Worten überflutet, sind wir kaum daran gewöhnt zuzuhören und uns vor allem in die innere und äußere Haltung der Stille zu versetzen, um darauf zu achten, was Gott uns sagen will. Diese Verse lehren uns außerdem, dass unser Gebet, das oft nur ein Bitten

ist, vielmehr vor allem ein Lob Gottes für seine Liebe sein muss, für das Geschenk Jesu Christi, der uns Kraft, Hoffnung und Heil gebracht hat.
Ein neuer Wortbeitrag des Vorlesers ermahnt dann die Gemeinde, die von der Liebe Christi ergriffen ist, sich zu bemühen, seine Gegenwart im eigenen Leben zu erfassen. Er sagt: „Siehe, er kommt mit den Wolken, und jedes Auge wird ihn sehen, auch alle, die ihn durchbohrt haben; und alle Völker der Erde werden seinetwegen jammern und klagen" (1,7a). Nachdem er in einer „Wolke", Symbol der Transzendenz, in den Himmel aufgenommen wurde (vgl. Apg 1,9), wird Jesus Christus ebenso wiederkommen, wie er zum Himmel hingegangen ist (vgl. Apg 1,11b). Dann werden alle Völker ihn erkennen und, wie der hl. Johannes im vierten Evangelium sagt, „sie werden auf den blicken, den sie durchbohrt haben" (19,37). Sie werden an ihre eigenen Sünden denken, die Ursache seiner Kreuzigung, und ebenso wie jene, die auf dem Kalvarienberg unmittelbar daran teilgenommen haben, werden sie sich „an die Brust schlagen" (vgl. Lk 23,48) und ihn um Vergebung bitten, um ihm im Leben nachzufolgen und so die volle Gemeinschaft mit ihm nach seiner endgültigen Wiederkunft vorzubereiten.

Unser Beten muss ein Hören auf Gott sein, der zu uns spricht.

Die Gemeinde denkt über diese Botschaft nach und sagt: „Ja, amen" (Offb 1,7b). Sie bringt durch ihr „Ja" die volle Annahme des ihr Mitgeteilten zum Ausdruck und bittet, dass dies wahrhaftig Wirklichkeit werden möge. Es ist das Gebet der Gemeinde, die über die Liebe Gottes nachdenkt, die in ihrer höchsten Form am Kreuz offenbar wurde, und bittet, konsequent als Jünger Christi zu leben. Und Gott gibt eine Antwort: „Ich bin das Alpha und das

Omega [...] der ist und der war und der kommt, der Herrscher über die ganze Schöpfung" (1,8). Gott, der sich als Beginn und Abschluss der Geschichte offenbart, nimmt die Bitte der Gemeinde an und nimmt sie sich zu Herzen. Mit seiner Liebe ist er im menschlichen Leben in der Gegenwart und in der Zukunft ebenso wie in der Vergangenheit bis zum Erreichen des Endziels gegenwärtig und tätig und wird es immer sein. Das ist Gottes Verheißung. Und hier finden wir ein weiteres wichtiges Element: Das beständige Gebet weckt in uns das Bewusstsein für die Gegenwart des Herrn in unserem Leben und in der Geschichte, und seine Gegenwart trägt uns, führt uns und schenkt uns große Hoffnung auch in der Finsternis gewisser menschlicher Lebensumstände. Außerdem bedeutet das Gebet – auch das in der radikalsten Einsamkeit – niemals, sich zu isolieren, und es ist niemals unfruchtbar, sondern jedes Gebet ist der Lebenssaft, der ein immer engagierteres und konsequenteres christliches Leben nährt.

Das Gebet weckt in uns das Bewusstsein für die Gegenwart des Herrn.

Die zweite Phase des Gebets der Gemeinde (1,9–22) vertieft die Beziehung zu Jesus Christus noch weiter: Der Herr lässt sich sehen, er spricht, handelt, und die Gemeinschaft, die ihm immer näher ist, hört zu, reagiert und nimmt an. In der vom Vorleser vorgetragenen Botschaft berichtet der hl. Johannes von einer persönlichen Erfahrung seiner Begegnung mit Christus: Er befindet sich auf der Insel Patmos „um des Wortes Gottes willen und des Zeugnisses für Jesus" (1,9), und es ist der „Tag des Herrn" (1,10a), der Sonntag, an dem die Auferstehung gefeiert wird. Und der hl. Johannes wird „vom Geist ergriffen" (1,10a). Der Heilige Geist durchdringt und erneuert ihn, er erweitert seine Fähigkeit, Jesus anzunehmen, der ihn auffordert zu schreiben. Das Gebet der Gemeinde, die zuhört, nimmt nach und nach eine kontemplative Form an, bei der die Verben „sie sieht“, „sie schaut“ den Takt angeben: Sie betrachtet also das, was der Vorleser ihr vorträgt, verinnerlicht es und macht es sich zu eigen.

Das Gebet der Gemeinde nimmt nach und nach eine kontemplative Form an.

Johannes hört „eine Stimme, laut wie eine Posaune“ (1,10b): Die Stimme gebietet ihm, eine Botschaft zu schicken „an die sieben Gemeinden“ (1,11) in Kleinasien und durch sie an alle Gemeinden aller Zeiten, vereint mit ihren Hirten. Der Ausdruck „Stimme ... wie eine Posaune“, der dem Buch Exodus entnommen ist (vgl. 20,18), erinnert an die göttliche Offenbarung gegenüber Mose auf dem Berg Sinai und zeigt die Stimme Gottes an, der von seinem Himmel herab, aus seiner Transzendenz heraus, spricht. Hier wird sie dem auferstandenen Jesus Christus zugeschrieben, der aus der Herrlichkeit des Vaters heraus mit der Stimme Gottes zur betenden Gemeinde spricht. Als Johannes sich umwendet, „weil ich sehen wollte, wer zu mir sprach“ (1,12), sieht er „sieben goldene Leuchter und mitten unter den Leuchtern einen, der wie ein Mensch aussah“ (1,12-13), ein dem Johannes besonders vertrauter Begriff, der auf Jesus selbst verweist. Die goldenen Leuchter mit ihren brennenden Kerzen zeigen die Kirche aller Zeiten an, in Gebetshaltung während der Liturgie: Der auferstandene Jesus, der „Menschensohn“, befindet sich mitten in ihr, und bekleidet mit den Gewändern des Hohepriesters des Alten Testaments übt er die priesterliche Funktion des Mittlers beim Vater aus. In der symbolischen Botschaft des Johannes folgt eine leuchtende Erscheinung des auferstandenen Christus mit den Eigenschaften Gottes, die wiederholt im Alten Testament auftauchen. Es ist die Rede von Haaren, „weiß wie weiße Wolle, leuchtend weiß wie Schnee" (1,14), Symbol der Ewigkeit Gottes (vgl. Dan 7,9) und der Auferstehung.

Ein zweites Symbol ist das des Feuers, das im Alten Testament oft auf Gott bezogen ist, um zwei Eigenschaften aufzuzeigen. Die erste ist die eifersüchtige Intensität seiner Liebe, die seinen Bund mit dem Menschen beseelt (vgl. Dtn 4,24). Und dieselbe glühende Intensität der Liebe liest man im Blick des auferstandenen Jesus: „Seine Augen [waren] wie Feuerflammen" (Offb 1,14). Die zweite ist die unaufhaltsame Fähigkeit, das Böse zu überwinden wie ein „verzehrendes Feuer" (Dtn 9,3). So glänzen auch „die Beine" Jesu, der auf dem Weg ist, dem Bösen zu begegnen und es zu zerstören „wie Golderz" (Offb 1,15). Die Stimme Jesu Christi, „wie das Rauschen von Wassermassen" (1,15c), hat das gewaltige Getöse der „Herrlichkeit des Gottes Israels", die sich auf Jerusalem zubewegt, wovon der Prophet Ezechiel spricht (vgl. 43,2). Es folgen noch drei symbolische Elemente, die zeigen, was der auferstandene Jesus für seine Kirche tut: Er hält sie fest in seiner rechten Hand – ein sehr wichtiges Bild: Jesus hält die Kirche in seiner Hand –, er spricht zu ihr mit der durchdringenden Kraft eines scharfen Schwertes und zeigt ihr den Glanz seiner Göttlichkeit: „Sein Gesicht leuchtete wie die machtvoll strahlende Sonne" (Offb 1,16). Johannes ist so ergriffen von dieser wunderbaren Erfahrung des Auferstandenen, dass er ohnmächtig wird und wie tot niederfällt.

Die goldenen Leuchter zeigen die Kirche an, in Gebetshaltung während der Liturgie.

Nach dieser Offenbarungserfahrung hat der Apostel den Herrn Jesus vor sich, der mit ihm spricht, ihn beruhigt, ihm eine Hand auf das Haupt legt, ihm seine Identität als der auferstandene Gekreuzigte enthüllt und ihm die Aufgabe anvertraut, seine Botschaft den Gemeinden zu übermitteln (vgl. Offb 1,17–18). Das ist etwas Schönes, dieser Gott, vor dem er ohnmächtig wird, wie tot niederfällt: Er ist der Freund des Lebens, und er legt ihm die Hand auf das Haupt. Und so wird es auch für uns sein: Wir sind Freunde Jesu. Danach wird die Offenbarung des auferstandenen Gottes, des auferstandenen Christus, nicht schrecklich sein, sondern es wird die Begegnung mit dem Freund sein. Auch die Gemeinde erlebt mit Johannes den besonderen, lichtvollen Augenblick vor dem Herrn, jedoch verbunden mit der Erfahrung der täglichen Begegnung mit Jesus, in der sie den Reichtum der Berührung mit dem Herrn spürt, der jeden Raum des Lebens erfüllt.

Symbolische Elemente zeigen, was Jesus für seine Kirche tut.

In der dritten und letzten Phase des ersten Teils der Apokalypse (Offb 2–3) trägt der Vorleser der Gemeinde eine siebenfältige Botschaft vor, in der Jesus in erster Person spricht. An sieben Gemeinden gerichtet, die in Kleinasien um Ephesus herum gelegen sind, geht die Rede Jesu von der besonderen Situation einer jeden Gemeinde aus, um sich dann auf die Gemeinden jeder Zeit auszuweiten. Jesus stellt sich sofort mitten in die Situation einer jeden Gemeinde hinein, hebt ihre Licht- und Schattenseiten hervor und richtet einen dringenden Appell an sie: „Kehr um“ (2,5.16; 3,19c); „halte fest, was du hast“ (3,11); „kehr zurück zu deinen ersten Werken“ (2,5); „mach also Ernst und kehr um“ (3,19b) … Wenn dieses Wort Jesu mit Glauben angehört wird, beginnt es sofort zu wirken: Die betende Gemeinde, die das Wort des Herrn annimmt, wird verwandelt. Alle Gemeinden müssen dem Herrn aufmerksam zuhören und sich dem Geist öffnen, wie Jesus nachdrücklich fordert, indem er sieben Mal das Gebot wiederholt: „Wer Ohren hat, der höre, was der Geist den Gemeinden sagt“ (2,7.11.17.29; 3,6.13.22). Die Gemeinde hört die Botschaft und erhält einen Ansporn zur Buße, zur Umkehr, zur Beharrlichkeit, zum Wachsen in der Liebe, zur Orientierung für den Weg.

Gerade im Gebet spüren wir die Gegenwart Jesu bei uns und in uns.

Die Offenbarung zeigt uns eine im Gebet versammelte Gemeinde, denn gerade im Gebet spüren wir zunehmend die Gegenwart Jesu bei uns und in uns. Je mehr und je besser wir mit Beständigkeit, mit Intensität beten, desto mehr werden wir ihm ähnlich und tritt er wirklich in unser Leben ein und führt es, schenkt ihm Freude und Frieden. Und je mehr wir Jesus kennen, lieben und ihm nachfolgen, desto mehr verspüren wir das Bedürfnis, im Gebet bei ihm zu verweilen und Ruhe, Hoffnung und Kraft in unserem Leben zu empfangen.

Während das Gebet im ersten Teil des Buches der Offenbarung auf das innerkirchliche Leben ausgerichtet ist, so gilt die Aufmerksamkeit im zweiten Teil der ganzen Welt. Denn die Kirche pilgert in der Geschichte, sie ist Teil davon, dem Plan Gottes gemäß. Die Gemeinde hat durch das Hören der vom Vorleser vorgetragenen Botschaft des Johannes ihre Aufgabe wiederentdeckt, als „Priester Gottes und Christi“ (Offb 20,6; vgl. 1,5; 5,10) an der Entfaltung des Reiches Gottes mitzuwirken, und öffnet sich zur Welt der Menschen hin. Und hier werden zwei

Lebensformen deutlich, die in dialektischem Verhältnis zueinanderstehen: Die erste könnten wir als das „System Christi" bezeichnen, dem die Gemeinde glücklicherweise angehört, und die zweite als das „irdische System gegen das Reich und gegen den Bund, das entstanden ist unter dem Einfluss des Bösen", der die Menschen täuscht und so eine Welt verwirklichen will, die zu der von Christus und von Gott gewollten Welt im Gegensatz steht (vgl. Päpstliche Bibelkommission, Bibel und Moral. Biblische Wurzeln des christlichen Handelns, 70). Die Gemeinde muss also die Geschichte, die sie erlebt, in der Tiefe lesen können und dadurch lernen, die Ereignisse mit dem Glauben zu erkennen, um durch ihr Handeln an der Entfaltung des Reiches Gottes mitzuwirken. Und dieses Lesen und Erkennen ist ebenso wie das Handeln mit dem Gebet verbunden.

Nach dem wiederholten Aufruf Christi, der im ersten Teil der Apokalypse sieben Mal gesagt hat: „Wer Ohren hat, der höre, was der Geist den Gemeinden sagt" (vgl. Offb 2,7.11.17.29; 3,6.13.22), wird die Gemeinde zunächst eingeladen, in den Himmel aufzusteigen, um die Wirklichkeit mit den Augen Gottes zu betrachten; und hier finden wir drei Symbole, Bezugspunkte, von denen ausgehend man die Geschichte lesen kann: den Thron Gottes, das Lamm und das Buch (vgl. Offb 4,1–5,14).

> Gott lässt in der Geschichte seine Stimme hören.

Das erste Symbol ist der Thron, auf dem eine Gestalt sitzt, die Johannes nicht beschreibt, weil sie jede menschliche Vorstellung übersteigt; er kann nur auf das Gefühl der Schönheit und der Freude hinweisen, das er vor ihr empfindet. Diese geheimnisvolle Gestalt ist Gott, der allmächtige Gott, der nicht in seinem Himmel verschlossen geblieben ist, sondern der auf den Menschen zugekommen ist und einen Bund mit ihm geschlossen hat: Gott, der auf geheimnisvolle, aber reale Weise in der Geschichte seine Stimme hören lässt, symbolisiert von Blitzen und Donner. Um den Thron Gottes herum tauchen verschiedene Elemente auf, wie die 24 Ältesten und die vier Lebewesen, die dem einzigen Herrn über die Geschichte unablässig den Lobpreis darbringen. Das erste Symbol ist also der Thron. Das zweite Symbol ist das Buch, das Gottes Plan über die Ereignisse und über die Menschen enthält; es ist mit sieben Siegeln hermetisch verschlossen, und niemand ist in der Lage, es zu lesen. Angesichts dieser Unfähigkeit des Menschen, den Plan Gottes zu erkennen, verspürt Johannes eine tiefe Traurigkeit, die ihn zum Weinen bringt. Es lässt sich jedoch Abhilfe schaffen von der Verlorenheit des Menschen gegenüber dem Geheimnis der Geschichte: Einer ist in der Lage, das Buch zu öffnen und es zu erhellen.

Das Gebet ist wie ein offenes Fenster.

Und hier erscheint das dritte Symbol: Christus, das im Kreuzesopfer geschlachtete Lamm, das jedoch aufrecht steht, als Zeichen seiner Auferstehung. Und das Lamm öffnet nach und nach die Siegel und enthüllt den Plan Gottes, den tiefen Sinn der Geschichte. Was sagen diese Symbole? Sie rufen uns den Weg in Erinnerung, auf dem wir Ereignisse der Geschichte und unseres eigenen Lebens lesen können. Wenn wir den Blick auf Gottes Himmel richten, in der ständigen Beziehung zu Christus, und ihm im persönlichen und gemeinschaftlichen Gebet unser Herz und unseren Verstand öffnen, dann lernen wir, die Dinge auf neue Art zu sehen und ihren wahren Sinn zu erfassen. Das Gebet ist wie ein offenes

Fenster, das uns erlaubt, den Blick auf Gott gerichtet zu halten – nicht nur, um uns das Ziel in Erinnerung zu rufen, auf das wir zugehen, sondern auch, um zuzulassen, dass der Wille Gottes unseren irdischen Weg erleuchte und uns helfe, ihn intensiv und engagiert zu leben. Auf welche Weise führt der Herr die christliche Gemeinschaft zu einem tieferen Verständnis der Geschichte? Vor allem indem er sie auffordert, die Gegenwart, in der wir leben, realistisch zu betrachten.

Das Lamm öffnet also die ersten vier Siegel des Buches, und die Kirche sieht die Welt, in die sie eingebunden ist, eine Welt, in der es verschiedene negative Elemente gibt. Es gibt die Übel, die der Mensch verursacht, wie die Gewalt, die aus dem Wunsch entsteht zu besitzen, einander überlegen zu sein, sodass man am Ende einander sogar tötet (zweites Siegel) – oder die Ungerechtigkeit, weil die Menschen die Gesetze, die sie sich gegeben haben, nicht beachten (drittes Siegel). Hinzu kommen die Übel, die der Mensch erleiden muss, wie Tod, Hunger, Krankheit (viertes Siegel). Angesichts dieser oft dramatischen Wirklichkeiten ist die kirchliche Gemeinschaft aufgefordert, nie die Hoffnung zu verlieren, fest zu glauben, dass die scheinbare Allmacht des Bösen auf die wahre Allmacht Gottes stößt. Und das erste Siegel, das das Lamm öffnet, enthält genau diese Botschaft. Johannes berichtet: „Da sah ich ein weißes Pferd; und der, der auf ihm saß, hatte einen Bogen. Ein Kranz wurde ihm gegeben, und als Sieger zog er aus, um zu siegen" (Offb 6,2). In die Geschichte des Menschen ist die Kraft Gottes eingetreten, der nicht nur in der Lage ist, das Böse auszugleichen, sondern sogar, es zu überwinden. Die wei-

Die kirchliche Gemeinschaft ist aufgefordert, nie die Hoffnung zu verlieren.

ße Farbe erinnert an die Auferstehung: Gott ist so nahe gekommen, dass er in die Finsternis des Todes hinabgestiegen ist, um sie mit dem Glanz seines göttlichen Lebens zu erleuchten; er hat das Übel der Welt auf sich genommen, um es mit dem Feuer seiner Liebe zu läutern.

Wie kann man in diesem christlichen Verständnis der Wirklichkeit wachsen? Die Apokalypse sagt uns, dass das Gebet in jedem von uns und in unseren Gemeinschaften diese Vision des Lichtes und der tiefen Hoffnung nährt: Sie lädt uns ein, uns nicht vom Bösen überwinden zu lassen, sondern das Böse mit dem Guten zu überwinden, auf den gekreuzigten und auferstandenen Christus zu schauen, der uns an seinem Sieg teilhaben lässt. Die Kirche lebt in der Geschichte, sie verschließt sich nicht in sich selbst, sondern geht inmitten von Schwierigkeiten und Leiden mutig ihren Weg und sagt mit Nachdruck, dass das Böse letztlich das Gute nicht überwindet, die Dunkelheit den Glanz Gottes nicht trübt. Das ist ein wichtiger Punkt für uns: Als Christen können wir nie Pessimisten sein; wir wissen, dass uns auf dem Weg unseres Lebens oft Gewalt, Lüge, Hass, Verfolgung begegnen, aber das entmutigt uns nicht. Vor allem lehrt uns das Gebet, die Zeichen Gottes zu sehen, seine Gegenwart und sein Wirken, ja selbst Lichter des Guten zu sein, die Hoffnung verbreiten und darauf hinweisen, dass der Sieg Gott gehört.

Die Kirche verschließt sich nicht in sich selbst.

Diese Sichtweise führt dazu, Gott und dem Lamm Dank und Lobpreis entgegenzubringen: Die 24 Ältesten und die vier Lebewesen singen gemeinsam das „neue Lied", das das Werk Christi preist, der alles neu macht (vgl. Offb 21,5). Diese Erneuerung ist jedoch vor allem ein zu erbittendes Geschenk. Und hier finden wir ein weiteres Element, das das Gebet kennzeichnen muss: den Herrn inständig bitten, dass sein Reich komme, dass der Mensch ein fügsames Herz gegenüber der Herrschaft Gottes haben möge, dass unser Leben und das der Welt an seinem Willen ausgerichtet sei. In der Vision der Apokalypse ist dieses Bittgebet durch ein wichtiges Detail dargestellt: „Die 24 Ältesten" und „die vier Lebewesen" tragen in der Hand zusammen mit der Harfe, die ihren Gesang begleitet, „goldene Schalen voll von Räucherwerk" (5,8a). Das, so wird erläutert, „sind die Gebete der Heiligen" (5,8b), also jener, die bereits bei Gott sind, aber auch die von uns allen, die wir uns auf dem Weg befinden. Und wir sehen, dass vor dem Thron Gottes ein Engel eine goldene Räucherpfanne in der Hand hält, in die er unablässig Weihrauchkörner gibt – also unsere Gebete –, deren lieblicher Duft zusammen mit den Gebeten dargebracht wird, die zu Gott aufsteigen (vgl. Offb 8,1–4). Diese Symbolik sagt uns, dass unsere Gebete – mit all ihren Grenzen, ihrer Mühe, Armut, Trockenheit, den Unvollkommenheiten, die sie haben können – gleichsam geläutert werden und Gottes Herz erreichen. Wir dürfen also sicher sein, dass es keine überflüssigen, unnützen Gebete gibt; keines geht verloren. Und sie finden eine Antwort, wenn diese auch manchmal geheimnisvoll ist, denn Gott ist unendliche Liebe und Barmherzigkeit. Der Engel, so schreibt Johannes, nahm „die Räucherpfanne, füllte sie mit glühenden Kohlen, die er vom Altar nahm, und warf sie auf die Erde; da begann es zu donnern und zu dröhnen, zu blitzen und zu beben" (8,5). Dieses Bild bedeutet, dass Gott für unser Bitten nicht unempfänglich ist, er greift ein und lasst auf der Erde seine Macht spüren und seine

Das Gebet lehrt uns, selbst Lichter des Guten zu sein.

Stimme hören, er lässt es beben und erschüttert das System des Bösen. Oft hat man angesichts des Bösen das Gefühl, nichts tun zu können, aber gerade unser Gebet ist die erste und wirksamste Antwort, die wir geben können und die unser tägliches Bemühen, das Gute zu verbreiten, stärker macht. Gottes Kraft macht unsere Schwachheit fruchtbar (vgl. Röm 8,26–27).

Es gibt keine überflüssigen, unnützen Gebete.

Ich möchte schließen mit einigen Worten über den abschließenden Dialog (vgl. Offb 22,6–21). Jesus wiederholt mehrmals: „Siehe, ich komme bald" (Offb 22,7.12). Dies verweist nicht nur auf die Zukunft, das Ende der Zeiten, sondern auch auf die Gegenwart: Jesus kommt, er errichtet seine Wohnstatt in dem, der an ihn glaubt und ihn annimmt. Die vom Heiligen Geist geleitete Gemeinde fordert Jesus daher stets von neuem auf, immer näher zu kommen: „Komm!" (Offb 22,17a): Sie ist gleichsam die „Braut" (22,17), die sich brennend nach der Fülle der Bräutlichkeit sehnt. Zum dritten Mal bittet sie: „Amen. Komm, Herr Jesus!" (22,20b); und der Vorleser schließt mit einem Wort, das das Bewusstsein um diese Gegenwart offenbart: „Die Gnade des Herrn Jesus sei mit allen!" (22,21).

Trotz der sehr komplexen Symbole bezieht die Apokalypse uns in ein sehr reiches Gebet ein; auch wir hören und loben daher den Herrn, wir danken ihm, betrachten ihn, bitten ihn um Vergebung. Die Struktur des großen gemeinschaftlichen liturgischen Gebets ist auch ein starker Appell, die außerordentliche und verwandelnde Kraft wiederzuentdecken, die die Eucharistie besitzt. Ich möchte insbesondere nachdrücklich dazu auffordern, der heiligen Messe am Tag des Herrn, dem Sonntag, dem wahren Mittelpunkt der Woche, treu zu sein! Der Reichtum des Gebets in der Apokalypse lässt uns an einen Diamanten denken, der eine Reihe faszinierender Facetten besitzt, dessen Kostbarkeit jedoch in der Reinheit des einen zentralen Kerns liegt. So lassen die eindrucksvollen Formen des Gebets, denen wir in der Apokalypse begegnen, die einzigartige und unsagbare Kostbarkeit Jesu Christi erstrahlen.

Ein Lied zum Lobpreis Gottes

Sie sangen das Lied des Mose, des Knechtes Gottes, und das Lied zu Ehren des Lammes: Groß und wunderbar sind deine Taten, Herr, Gott und Herrscher über die ganze Schöpfung. Gerecht und zuverlässig sind deine Wege, du König der Völker.
Wer wird dich nicht fürchten, Herr, wer wird deinen Namen nicht preisen? Denn du allein bist heilig: Alle Völker kommen und beten dich an; denn deine gerechten Taten sind offenbar geworden.
Offb 15,3–4

1. Kurz und feierlich, eindringlich und großartig ist die Tonart des Liedes, das wir soeben gehört haben. Wir haben es als Lobpreis zum „Herrn, Gott und Herrscher" (Offb 15,3) erhoben und es uns dadurch zu eigen gemacht. Es ist einer der vielen Gebetstexte, die in die Geheime Offenbarung, das letzte Buch der Heiligen Schrift, das Buch des Gerichts, der Erlösung und insbesondere der Hoffnung, aufgenommen sind.

Die Geschichte liegt nicht in den Händen dunkler Gewalten.

In der Tat liegt die Geschichte nicht in den Händen dunkler Gewalten, des Zufalls oder rein menschlicher Entscheidungen. Über den sich entfesselnden bösen Mächten, über dem mit Gewalt eindringenden Satan, über den vielen Plagen und Übeln, mit denen wir konfrontiert sind, steht der Herr, der höchste Richter der Geschichte. Er führt sie weise zum Aufgang des neuen Himmels und der neuen Erde, die im letzten Teil des Buches unter dem Bild des neuen Jerusalem besungen werden (vgl. Offb 21–22).

Das Lied, das wir nun betrachten wollen, wird von den Gerechten der Geschichte, den Besiegern des Tieres, des Satans, angestimmt, von denen also, die durch die scheinbare Niederlage des Martyriums in Wirklichkeit die Baumeister der neuen Welt sind, mit Gott als höchstem Schöpfer.

2. Zu Beginn rühmen sie die „großen und wunderbaren Taten" und die „gerechten und zuverlässigen Wege" des Herrn (vgl. V. 3). Die in diesem Lied verwendete Sprache ist typisch für den Auszug der Israeliten aus der ägyptischen Sklaverei. Das erste Lied des Mose – das nach dem Durchzug durch das Rote Meer gesungen wurde – preist den Herrn „als furchtbar, Wunder vollbringend" (Ex 15,11). Das zweite Lied, das am Lebensende des großen Gesetzgebers im Deuteronium wiedergegeben wird, betont: „Vollkommen ist, was er tut; denn alle seine Wege sind gerecht" (Dtn 32,4).

Gott steht dem menschlichen Schicksal nicht gleichgültig gegenüber.

Es soll also bekräftigt werden, dass Gott dem menschlichen Schicksal nicht gleichgültig gegenübersteht, sondern er durchdringt es und verwirklicht seine „Wege", das heißt seine Pläne und seine wunderbaren „Werke".

3. Unserem Lied gemäß hat dieses göttliche Handeln ein ganz bestimmtes Ziel: Es soll ein Zeichen sein, dass alle Völker der Erde zur Umkehr einlädt. Das Lied lädt also uns alle immer von Neuem zur Umkehr ein. Die Nationen müssen lernen, aus der Geschichte die Botschaft Gottes „herauszulesen". Die abenteuerliche Existenz der Menschheit ist nicht wirr und sinnlos; ebenso wenig wird sie unwiderruflich der Überheblichkeit der Stärkeren und der niederträchtigen Menschen preisgegeben.

Es ist möglich, das in der Geschichte verborgene göttliche Handeln zu erkennen. Auch das II. Vatikanische Ökumenische Konzil lädt in der Pastoralkonstitution Gaudium et spes den Gläubigen ein, im Licht des Evangeliums die Zeichen der Zeit zu erforschen, um in ihnen das Offenbarwerden des Handelns Gottes zu finden (vgl. Nr. 4 und 11). Diese Glaubenshaltung führt den Menschen dazu, die in der Geschichte wirkende Macht Gottes zu erkennen und sich so der Furcht vor dem Namen des Herrn zu öffnen. Denn im Sprachgebrauch der Bibel ist diese „Furcht" keine Angst und hat nichts mit Angst zu tun; die Furcht Gottes ist etwas ganz anderes; sie ist die Erkenntnis und Anerkennung des Geheimnisses der göttlichen Transzendenz. Die Gottesfurcht ist deshalb die Grundlage des Glaubens und ist mit der Liebe verbunden. In der Heiligen Schrift, im Deuteronomium, heißt es: „Der Herr, dein Gott, fordert von dir, dass du ihn achtest und dass du ihn mit ganzem Herzen und mit ganzer Seele liebst" (vgl. Dtn 10,12). Und der hl. Hilarius, Bischof im 4. Jahrhundert, sagte: „All unsere Furcht besteht in der Liebe." Auf dieser Ebene vereinigen sich in diesem der Geheimen Offenbarung entnommenen kurzen Lied die Furcht und die Verherrlichung Gottes. In dem Lied heißt es: „Wer wird dich nicht fürchten, Herr, wer wird deinen Namen nicht preisen?" (15,4). Dank der Furcht vor dem Herrn fürchtet man das Böse nicht, das in der Geschichte um sich greift, und man setzt kraftvoll den Lebensweg fort. Dank der Furcht vor Gott haben wir keine Angst vor der Welt und all diesen Problemen, wir haben keine Angst vor den Menschen, denn Gott ist stärker. Papst Johannes XXIII. hat einmal gesagt: „Wer glaubt, zittert nicht, denn aufgrund seiner Furcht vor Gott, der gut ist, hat er keine Angst vor der Welt und der

Die Gottesfurcht ist mit der Liebe verbunden.

Zukunft". Der Prophet Jesaja merkt dazu an: „Macht die erschlafften Hände wieder stark und die wankenden Knie wieder fest! Sagt den Verzagten: Habt Mut, fürchtet euch nicht!" (Jes 35,3–4).

4. Das Lied endet mit der Vision einer universalen Prozession von Völkern, die vor den Herrn der Geschichte treten werden, dessen „gerechte Taten offenbar geworden sind" (vgl. Offb 15,4). Sie werden kommen und ihn anbeten. Und der eine Herr und Erlöser scheint ihnen gegenüber die Worte zu wiederholen, die er am letzten Abend seines Erdenlebens zu seinen Aposteln gesprochen hat: „Habt Mut: Ich habe die Welt besiegt" (Joh 16,33).

Wir haben keine Angst, denn Gott ist stärker.

Und wir wollen unsere kurze Betrachtung des von den Gerechten in der Geheimen Offenbarung angestimmten Liedes „zu Ehren des Lammes" (vgl. Offb 15,3) mit einem alten Hymnus des „Lucernar", das heißt des „Abendgebets", beenden, das schon dem hl. Basilius von Cäsarea bekannt war. In diesem Hymnus heißt es: „Bei Sonnenuntergang, im Abendlicht, preisen wir den Vater, den Sohn und den Heiligen Geist Gottes. Du bist es würdig, zu jeder Stunde von den Stimmen der Heiligen besungen zu werden, Sohn Gottes, der du das Leben gibst. Darum verherrlicht die Erde dich" (S. Pricoco-M. Simonetti, La preghiera dei cristiani, Mailand 2000, S. 97).

Das Lied aus der Geheimen Offenbarung (vgl. Off 15,3-4) preist Gottes Wirken in der Geschichte. Die Ereignisse sind kein Spiel des Zufalls. Dem Zwang irdischer Mächte zum Trotz bleibt der Allmächtige Gott der Herr der Geschichte. Seine auserwählten Werkzeuge sind die Gerechten, die oft genug im Leiden geprüft und geläutert werden.

Alle Menschen sind eingeladen, die Handschrift des Schöpfers auf ihrem Lebensweg zu erkennen. Im göttlichen Walten offenbart sich das Geheimnis seiner Weisheit und Güte. Menschliches Treiben verstummt davor in staunender Ehrfurcht: „Alle Völker kommen und beten dich an; denn deine gerechten Taten sind offenbar geworden" (V. 4).

MARIA, TOR DES HIMMELS

Maria hält den Weg offen

Maria als Symbol der Kirche

Die Gegenwart Gottes in Maria

Maria hält den Weg offen

Die neue Eva ist dem neuen Adam im Leiden, in der Passion, und so auch in der endgültigen Freude gefolgt. Christus ist die Erstlingsfrucht, aber sein auferstandenes Fleisch ist nicht zu trennen von dem seiner irdischen Mutter, von Maria, und in ihr ist die ganze Menschheit in die Aufnahme zu Gott hineingenommen und mit ihr die ganze Schöpfung, deren Seufzen, deren Leiden, wie der hl. Paulus sagt, die Geburtswehen der neuen Menschheit sind. So entstehen der neue Himmel und die neue Erde, in denen es keine Tränen, keine Klage mehr geben wird, da kein Tod mehr sein wird (vgl. Offb 21,1–4).
Welch großes Geheimnis der Liebe wird uns da heute erneut zur Betrachtung vorgestellt! Christus hat den Tod mit der Allmacht seiner Liebe besiegt. Nur die Liebe ist allmächtig. Diese Liebe hat Christus dazu gedrängt, für uns zu sterben und so den Tod zu besiegen. Ja, nur die Liebe lässt in das Reich des Lebens eintreten! Und Maria ist dem Sohne folgend eingetreten, vereinigt mit seiner Herrlichkeit, nachdem sie mit seinem Leiden verbunden war. Sie ist mit unaufhaltsamer Stärke eingetreten und hält nun nach sich den Weg für uns alle offen. Und dafür rufen wir sie heute an: „Tor des Himmels", „Königin der Engel" und „Zuflucht der Sünder". Gewiss sind es keine Vernunftschlüsse, die uns diese so erhabenen Wirklichkeiten verstehen lassen, sondern der einfache, aufrechte Glaube und die Stille des Gebets, das uns mit jenem Geheimnis in Berührung bringt, das uns unendlich über-

steigt. Das Gebet hilft uns, mit Gott zu sprechen und zu spüren, wie der Herr zu unserem Herzen spricht.
Bitten wir Maria, sie möge uns ihren Glauben schenken, jenen Glauben, der uns schon in dieser Dimension zwischen Endlichem und Unendlichem leben lässt, jenen Glauben, der auch das Gefühl für die Zeit und das Vergehen unseres Dasein verwandelt, jenen Glauben, in dem wir innig spüren, dass unser Leben nicht von der Vergangenheit aufgesogen ist, sondern von einer Zukunft angezogen wird, von Gott, wohinein Christus uns vorangegangen ist und hinter ihm Maria.

In Maria ist die ganze Menschheit in die Aufnahme zu Gott hineingenommen.

Indem wir auf die in den Himmel Aufgenommene blicken, begreifen wir besser, dass unser alltägliches Leben trotz der Prüfungen und Schwierigkeiten, von denen es gezeichnet ist, wie ein Fluss zum göttlichen Ozean strömt, hin zur Fülle der Freude und des Friedens. Wir begreifen, dass unser Sterben nicht das Ende ist, sondern der Einlass in das Leben, das keinen Tod kennt. Unser Untergehen am Horizont dieser Welt ist ein Auferstehen in der Morgenröte der neuen Welt, des ewigen Tages.
„Maria, während du uns in der Mühsal unseres täglichen Lebens und Sterbens begleitest, halte uns stets ausgerichtet auf die wahre Heimat der Seligkeit. Hilf uns, so zu tun, wie du getan hast."

Maria als Symbol der Kirche

Auf der Spitze der [Mariensäule auf dem Spanischen Platz in Rom] ist Maria durch eine Statue dargestellt, die teilweise an einen Abschnitt aus der Offenbarung des Johannes erinnert: „Dann erschien ein großes Zeichen am Himmel: eine Frau mit der Sonne bekleidet; der Mond war unter ihren Füßen und ein Kranz von zwölf Sternen auf ihrem Haupt" (Offb 12,1). Was bedeutet dieses Bild? Es stellt symbolisch gleichzeitig die Gottesmutter und die Kirche dar.
Zunächst ist die „Frau" aus der Apokalypse Maria selbst. Sie erscheint „mit der Sonne bekleidet", das heißt bekleidet mit Gott: Die Jungfrau Maria ist nämlich ganz vom Licht Gottes umflutet und lebt in Gott. Dieses Symbol des leuchtenden Kleides bringt klar einen Zustand zum Ausdruck, der das ganze Wesen Mariens betrifft: Sie ist „voll der Gnade", von der Liebe Gottes erfüllt. Und „Gott ist Licht", sagt wiederum der hl. Johannes (1 Joh 1,5). Sie, die „voll der Gnade", die „Unbefleckte" ist, spiegelt mit ihrer ganzen Person das Licht der „Sonne" wider, das Gott ist. Diese Frau hat unter ihren Füßen den Mond, Symbol des Todes und der Sterblichkeit. Maria ist nämlich ganz in den Sieg Jesu Christi, ihres Sohnes, über die Sünde und den Tod hineingenommen; sie ist frei von jedem Schatten des Todes und strömt über von Leben. Wie der Tod über den auferstandenen Jesus keine Macht mehr hat (vgl. Röm 6,9), so hat Maria ihn durch eine Gnade und ein einzigartiges Vorrecht des allmächtigen Gottes hinter sich gelassen, ihn überwunden.

Und das wird an den beiden großen Geheimnissen ihres Lebens offenbar: am Beginn, als sie ohne Erbsünde empfangen wurde; und am Ende, als sie mit Leib und Seele in den Himmel, in die Herrlichkeit Gottes aufgenommen worden ist. Doch auch ihr ganzes irdisches Leben ist ein Sieg über den Tod gewesen, da es sich voll und ganz im Dienst an Gott, in der vollständigen Selbsthingabe an ihn und an den Nächsten vollzogen hat. Deshalb ist Maria in und durch sich selbst ein Hymnus auf das Leben: Sie ist das Geschöpf, in dem sich das Wort Christi bereits erfüllt hat: „Ich bin gekommen, damit sie das Leben haben, und es in Fülle haben" (Joh 10,10).

Maria ist ganz vom Licht Gottes umflutet.

In der Vision der Geheimen Offenbarung gibt es ein weiteres Detail: Auf dem Haupt der mit der Sonne bekleideten Frau ist „ein Kranz von zwölf Sternen". Dieses Zeichen steht für die zwölf Stämme Israels und bedeutet, dass die Jungfrau Maria im Mittelpunkt des Gottesvolkes, der gesamten Gemeinschaft der Heiligen, steht. Und so führt uns dieses Bild vom Kranz aus zwölf Sternen zu der zweiten großen Auslegung des himmlischen Zeichens von der „mit der Sonne bekleideten Frau": Dieses Zeichen repräsentiert nicht nur die Gottesmutter, es verkörpert die Kirche, die christliche Gemeinschaft aller Zeiten. Die Kirche ist schwanger, da sie Christus in ihrem Schoß trägt und ihn für die Welt gebären muss: Das sind die Geburtswehen der auf Erden pilgernden Kirche, die unter den Tröstungen Gottes und den Verfolgungen der Welt Jesus zu den Menschen bringen soll.

Und weil sie Jesus in sich trägt, trifft sie auf den Widerstand eines grausamen Gegners, der in der apokalyptischen Vision von „einem Drachen, groß und feuerrot" (Offb 12,3) verkörpert wird. Dieser Drache hat vergeblich versucht, Jesus – den Sohn, „der über alle Völker mit eisernem Szepter herrschen wird“ (12,5) – zu verschlingen; vergeblich, weil Jesus durch seinen Tod und seine Auferstehung zu Gott hinaufgestiegen ist und sich auf seinem Thron niedergelassen hat. Deshalb richtet der Drache, der im Himmel ein für alle Mal besiegt worden ist, seine Angriffe in der Wüste der Welt gegen die Frau – die Kirche. Aber die Kirche wird in jeder Epoche vom Licht und von der Kraft Gottes getragen, der sie in der Wüste mit dem Brot seines Wortes und der heiligen Eucharistie nährt. So erleidet die Kirche durch alle Prüfungen, die sie im Laufe der Zeiten und in den verschiedenen Weltgegenden durchmacht, zwar Verfolgung, geht aber schließlich als Siegerin daraus hervor. Und gerade auf diese Weise ist die christliche Gemeinschaft die Anwesenheit, die Gewähr der Liebe Gottes gegen alle Ideologien des Hasses und des Egoismus.

Die Jungfrau Maria steht im Mittelpunkt des Gottesvolkes.

Die einzige Gefährdung, vor der sich die Kirche fürchten muss, ist die Sünde ihrer Glieder. Während nämlich Maria unbefleckt, also frei von jedem Makel der Sünde ist, ist die Kirche heilig, doch gleichzeitig von unseren Sünden gezeichnet. Deshalb wendet sich das in der Zeit pilgernde Gottesvolk an seine himmlische Mutter und bittet um ihre Hilfe; es bittet darum, dass sie den Weg des Glaubens begleite, zum Einsatz für das christliche Leben ermutige und die Hoffnung stütze. Maria hilf uns, hinter der Nebeldecke, die die Wirklichkeit einzuhüllen scheint, ein Licht zu sehen. Deshalb unterlassen auch wir es besonders bei diesem Anlass nicht, sie mit kindlichem Vertrauen um ihre Hilfe zu bitten: „O Maria, ohne Sünde empfangen, bitte für uns, die wir zu dir unsere Zuflucht nehmen.“

Die Gegenwart Gottes in Maria

Durch die Betrachtung der Jungfrau Maria ist uns die Gnade gegeben, auch tief in unser eigenes Leben hineinblicken zu können. Ja, denn auch unser tägliches Leben, mit seinen Problemen und seinen Hoffnungen, erhält Licht von der Mutter Gottes, von ihrem geistlichen Weg, von der ihr verheißenen Herrlichkeit: ein Weg und ein Ziel, die in gewisser Weise unser eigener Weg und unser eigenes Ziel werden können und müssen. Wir lassen uns leiten von den Abschnitten der Heiligen Schrift, die die Liturgie uns heute vorlegt. Ich möchte insbesondere bei einem Bild verweilen, das wir in der Ersten Lesung finden, die der Offenbarung entnommen ist, und das im Lukasevangelium einen Widerhall findet: das Bild der „Bundeslade".

In der Ersten Lesung haben wir gehört: „Der Tempel Gottes im Himmel wurde geöffnet, und in seinem Tempel wurde die Lade des Bundes sichtbar" (Offb 11,19). Welche Bedeutung hat die Lade? Was wird sichtbar? Für das Alte Testament ist sie das Symbol der Gegenwart Gottes unter seinem Volk. Aber das Symbol hat nunmehr der Wirklichkeit Platz gemacht. So sagt uns das Neue Testament, dass die wahre Lade des Bundes eine lebendige und konkrete Person ist: die Jungfrau Maria. Gott wohnt nicht in einem beweglichen Möbel, Gott wohnt in einer Person, in einem Herzen: in Maria, die den menschgewordenen ewigen Sohn Gottes, Jesus, unseren Herrn und Erlöser, in ihrem Schoß getragen hat.

Bekanntlich wurden in der Lade die beiden Tafeln mit dem Gesetz des Mose aufbewahrt, die den Willen Gottes, den Bund mit seinem Volk zu wahren, zum Ausdruck brachten und die Bedingungen aufzeigten, dem Bund mit Gott treu zu sein, um sich dem Willen Gottes und damit auch unserer tiefsten Wahrheit anzugleichen. Maria ist die Lade des Bundes, weil sie Jesus in sich aufgenommen hat. Sie hat das lebendige Wort in sich aufgenommen, alles, was im Willen Gottes, in der Wahrheit Gottes enthalten ist; sie hat denjenigen in sich aufgenommen, der der neue und ewige Bund ist. Dieser Bund hat seinen Höhepunkt gefunden in der Hingabe seines Leibes und seines Blutes: des Leibes und des Blutes, die er von Maria empfangen hat. Zu Recht ruft die christliche Frömmigkeit sie daher in den Litaneien zu Ehren der Gottesmutter an als „Foederis Arca", also „Arche des Bundes", Lade der Gegenwart Gottes, Lade des Bundes der Liebe, den Gott in Christus endgültig mit der gesamten Menschheit geschlossen hat.

Auch unser Leben erhält Licht von der Mutter Gottes.

Der Abschnitt aus der Offenbarung soll auf einen weiteren wichtigen Aspekt der Wirklichkeit Mariens verweisen. Ihr, der lebendigen Lade des Bundes, ist eine außerordentliche Herrlichkeit verheißen, weil sie mit dem Sohn, den sie im Glauben angenommen und im Fleisch hervorgebracht hat, so eng verbunden ist, dass sie völligen Anteil hat an seiner himmlischen Herrlichkeit. Das vermitteln uns die Worte, die wir gehört haben: „Dann erschien ein großes Zeichen am Himmel: eine Frau, mit der Sonne bekleidet; der Mond war unter ihren Füßen und ein Kranz von zwölf Sternen auf ihrem Haupt. Sie war schwanger ... Und sie gebar ein Kind, einen Sohn, der über alle Völker ... herrschen wird" (12,1–2.5).

Die Größe Mariens: Sie ist die Mutter Gottes, die Begnadete, die vollkommen fügsam ist gegenüber dem Wirken des Heiligen Geistes, sie lebt bereits in Gottes Himmel mit ihrem ganzen Sein, Seele und Leib. Der hl. Johannes von Damaskus sagt in einer berühmten Predigt in Bezug auf dieses Geheimnis: „Heute wird die heilige und einzigartige Jungfrau zum himmlischen Tempel geführt ... Heute ruht die heilige und vom lebendigen Gott beseelte Lade, [die Lade], die ihren eigenen Schöpfer im Schoß getragen hat, im Tempel des Herrn, der nicht von Menschenhand erbaut ist" (In Dormitionem sanctissimae Dei Genitricis ac perpetuae Virginis Mariae 2, PG 96,723). Und weiter sagt er: „Sie, die den göttlichen ‚Logos' in ihrem Schoß getragen hatte, musste in die Zelte ihres Sohnes eingehen ... Die Braut, die der Vater sich erwählt hatte, musste im Brautgemach des Himmels wohnen" (ebd. 14, PG 96,742).

Maria hat das lebendige Wort in sich aufgenommen.

Die Kirche feiert die unendliche Liebe Gottes zu diesem seinem Geschöpf: Er hat sie erwählt als wahre „Lade des Bundes"; als diejenige, die Christus, den Erlöser, immerfort hervorbringt und ihn der Menschheit schenkt; als diejenige, die im Himmel Anteil hat an der Fülle der Herrlichkeit, die Gottes Glückseligkeit genießt und gleichzeitig auch uns einlädt, auf unsere bescheidene Weise zur „Lade" zu werden, in der das Wort Gottes gegenwärtig ist, damit die Menschen im anderen Menschen der Nähe Gottes begegnen können und so in Gemeinschaft mit Gott leben und die Wirklichkeit des Himmels kennenlernen können.

„ICH MACHE ALLES NEU“

Eine wunderbare Vision

Die tiefste Sehnsucht des Menschen

„Ich mache alles neu“

Erneuerung beginnt im Innern

Der Sinn der Geschichte

Die Suche nach Frieden

Die aus der großen Bedrängnis kommen

Freunde Gottes werden

Eine wunderbare Vision

Da entrückte er mich in der Verzückung auf einen großen, hohen Berg und zeigte mir die heilige Stadt Jerusalem, wie sie von Gott her aus dem Himmel herabkam, erfüllt von der Herrlichkeit Gottes. Sie glänzte wie ein kostbarer Edelstein, wie ein kristallklarer Jaspis.
Die Stadt hat eine große und hohe Mauer mit zwölf Toren und zwölf Engeln darauf. Auf die Tore sind Namen geschrieben: die Namen der zwölf Stämme der Söhne Israels. Im Osten hat die Stadt drei Tore und im Norden drei Tore und im Süden drei Tore und im Westen drei Tore. Die Mauer der Stadt hat zwölf Grundsteine; auf ihnen stehen die zwölf Namen der zwölf Apostel des Lammes.
Einen Tempel sah ich nicht in der Stadt. Denn der Herr, ihr Gott, der Herrscher über die ganze Schöpfung, ist ihr Tempel, er und das Lamm. Die Stadt braucht weder Sonne noch Mond, die ihr leuchten. Denn die Herrlichkeit Gottes erleuchtet sie und ihre Leuchte ist das Lamm.
Offb 21,10-14.22-23

Dieser Text führt uns die wunderbare Vision des himmlischen Jerusalem vor Augen. Es ist ein Bild von strahlender Schönheit, an der nichts dekorativ ist, sondern alles zur vollkommenen Harmonie der Heiligen Stadt beiträgt. Der Seher Johannes schreibt, dass sie „von Gott her aus dem Himmel herabkam, erfüllt von der Herrlichkeit Gottes“ (Offb 21,10–11). Aber die Herrlichkeit Gottes ist die Liebe; deshalb ist das himmlische Jerusalem Bild der Kirche, ganz heilig und herrlich, ohne Flecken und Falten (vgl. Eph 5,27), die in ihrer Mitte und in allen ihren Teilen von der Gegenwart Gottes, der die Liebe ist, erstrahlt. Sie wird „Braut" genannt, „Braut des Lammes" (Apg 21,9), weil sich in ihr das Bild vom Hochzeitsmahl erfüllt, das von Anfang bis Ende die biblische Offenbarung durchzieht. Die Stadt als Braut ist Heimat der vollen Gemeinschaft Gottes mit den Menschen; in ihr braucht man keinen Tempel noch eine äußere Lichtquelle, weil die Gegenwart Gottes und des Lammes ihr innewohnt und sie von innen her erleuchtet.

Dieses wunderbare Bild hat eine eschatologische Bedeutung: Es drückt das Geheimnis der Schönheit aus, die schon jetzt die Gestalt der Kirche ausmacht, auch wenn sie noch nicht zu ihrer Fülle gelangt ist. Sie ist das Ziel unserer Pilgerschaft, die Heimat, die uns erwartet und nach der wir uns verzehren. Sie mit den Augen des Glaubens zu sehen, zu betrachten und zu ersehnen darf nicht Grund für eine Flucht aus der geschichtlichen Wirklichkeit sein, in der die Kirche lebt und Freude und Hoffnung, Trauer und Angst der heutigen Menschheit, besonders der Ärmsten und Bedürftigsten teilt (vgl. II. Vat. Konzil, Konstitution Gaudium et spes, 1). Wenn die Schönheit des himmlischen Jerusalem die Herrlichkeit Gottes, also seine Liebe, ist, dann können wir uns ihr nur in der Liebe nähern und in einem bestimmten Maß bereits in ihr leben. Wer den Herrn Jesus liebt und sein Wort befolgt, erfährt schon in dieser Welt die geheimnisvolle Gegenwart des dreieinigen Gottes, wie wir im Evangelium gehört haben: „Wir werden zu ihm kommen und bei ihm wohnen" (Joh

Jeder Christ ist gerufen, lebendiger Stein der Wohnung Gottes zu werden.

14,23). Jeder Christ ist deshalb gerufen, lebendiger Stein dieser wunderbaren „Wohnung Gottes unter den Menschen“ zu werden. Was für eine großartige Berufung! Eine Kirche, die ganz von der Liebe Christi, des aus Liebe geopferten Lammes, beseelt und bewegt ist, ist das historische Bild des himmlischen Jerusalem, Vorwegnahme der Heiligen Stadt, die von der Herrlichkeit Gottes erstrahlt. Sie strömt eine unwiderstehliche missionarische Kraft aus, die die Kraft der Heiligkeit ist.

Die tiefste Sehnsucht des Menschen

In einer Zeit wie der unseren, in der die Angst vor dem Tod viele Menschen in Verzweiflung stürzt und sie illusorische Tröstungen suchen lässt, zeichnet sich der Christ durch die Tatsache aus, dass er seine Sicherheit in Gott findet, in einer Liebe, die so groß ist, dass sie die ganze Welt erneuern kann. „Seht, ich mache alles neu" (Offb 21,5), spricht gegen Ende des Buches der Geheimen Offenbarung der, der auf dem Thron sitzt. In der Vision des neuen Jerusalem ist das Sichverwirklichen der tiefsten Sehnsucht der Menschheit ausgedrückt: in Frieden zusammenzuleben ohne die Bedrohung des Todes, sondern in der Freude der vollen Gemeinschaft mit Gott und untereinander. Die Kirche und in besonderer Weise die monastische Gemeinschaft sind eine irdische Vorwegnahme dieses endgültigen Zieles. Es ist eine unvollkommene Vorwegnahme des Zieles, die von Grenzen und Sünden gezeichnet ist und daher immer der Bekehrung und Läuterung bedarf; und dennoch kann man in der eucharistischen Gemeinschaft den Sieg der Liebe Christi über das, was spaltet und zerstörerisch wirkt, im Voraus kosten. ... „Wer siegt, wird dies als Anteil erhalten: Ich werde sein Gott sein, und er wird mein Sohn sein" (Offb 21,7).

Seht, ich mache alles neu.

„Ich mache alles neu“

Das endgültige Ergebnis der Auferstehung Jesu ist das himmlische Jerusalem, die heilige Stadt, die von Gott her aus dem Himmel herabkommt, bereit wie eine Braut, die sich für ihren Mann geschmückt hat (vgl. Offb 21,2). Er, der gekreuzigt worden ist, der unser Leiden geteilt hat, woran uns auch auf beredte Weise das heilige Grabtuch erinnert, ist der, der auferstanden ist und alle in seiner Liebe versammeln will. Es handelt sich um eine wunderbare, „starke“, feste Hoffnung, denn – so sagt die Offenbarung des Johannes: „[Gott] wird alle Tränen von ihren Augen abwischen: Der Tod wird nicht mehr sein, keine Trauer, keine Klage, keine Mühsal. Denn was früher war, ist vergangen“ (21,4). Teilt uns das heilige Grabtuch nicht vielleicht dieselbe Botschaft mit? Auf ihm sehen wir unsere Leiden, als spiegelten sie sich in den Leiden Christi wider: „Passio Christi. Passio hominis. – Das Leiden Christi ist das Leiden des Menschen.“ Gerade deshalb ist es ein Zeichen der Hoffnung: Christus hat das Kreuz auf sich genommen, um das Böse zu überwinden; um uns in seinem Pascha die Vorwegnahme jenes Augenblicks sehen zu lassen, in dem auch für uns jede Träne getrocknet und der Tod nicht mehr sein wird, keine Trauer, keine Klage, keine Mühsal.

Gott wird alle Tränen abwischen.

Der Abschnitt aus der Offenbarung des Johannes endet mit den Worten: „Er, der auf dem Thron saß, sprach: Seht, ich mache alles neu“ (21,5) Das erste absolut Neue, das Gott verwirklicht hat, ist die Auferstehung Jesu gewesen, seine himmlische Verherrlichung. Sie ist der Anfang einer ganzen Reihe von „neuen Dingen“, an denen auch wir Anteil haben. „Das Neue“ ist eine Welt voller Freude, in der es keine Leiden und keine Unterdrückung mehr gibt, in der es weder Groll noch Hass gibt, sondern nur die Liebe, die von Gott kommt und alles verwandelt.

Das Neue ist eine Welt voller Freude.

Erneuerung beginnt im Innern

„Dann sah ich einen neuen Himmel und eine neue Erde ... Ich sah die heilige Stadt, das neue Jerusalem, von Gott her aus dem Himmel herabkommen; sie war bereit wie eine Braut, die sich für ihren Mann geschmückt hat. Da hörte ich eine laute Stimme vom Thron her rufen: Seht, die Wohnung Gottes unter den Menschen!"
Offb 21,1–3

Gott macht den Unterschied: von der friedlichen Vertrautheit zwischen Gott und dem Menschenpaar im Garten Eden über die göttliche Herrlichkeit, die vom Bundeszelt ausstrahlte inmitten des Volkes Israel auf seinem Weg durch die Wüste, bis hin zur Menschwerdung des Sohnes Gottes, der untrennbar eins geworden ist mit dem Menschen in Jesus Christus. Jesus selbst nimmt den Weg durch die menschliche Wüste wieder auf, indem er durch den Tod hindurchgeht und zur Auferstehung gelangt. Er nimmt dabei die gesamte Menschheit mit sich zu Gott. Jetzt ist Jesus nicht mehr an einen Ort und eine bestimmte Zeit gebunden, sondern sein Geist, der Heilige Geist, geht von ihm aus und gelangt in unsere Herzen. So vereint er uns mit Jesus und durch ihn mit dem Vater – mit dem einen und dreifaltigen Gott.

Jesus nimmt die gesamte Menschheit mit sich zu Gott.

Gott macht den Unterschied ... Mehr noch: Gott macht uns anders, er macht uns neu. Das ist die Verheißung, die er selbst uns gibt: „Seht, ich mache alles neu" (Offb

21,5). Und das ist wahr! Das sagt uns der Apostel Paulus: „Wenn also jemand in Christus ist, dann ist er eine neue Schöpfung: Das Alte ist vergangen, Neues ist geworden. Aber das alles kommt von Gott, der uns durch Christus mit sich versöhnt ... hat“ (2 Kor 5,17–18). Jesus Christus ist zum Himmel aufgefahren und in die Ewigkeit eingegangen und ist so zum Herrn aller Zeiten geworden. Daher kann er in der Gegenwart bei uns sein und hält das Buch unserer Tage in seiner Hand: In ihr hält er unsere Vergangenheit fest, mit den Ursprüngen und Grundlagen unseres Seins; in ihr hält er eifersüchtig die Zukunft verborgen und lässt uns das schönste Morgenrot unseres ganzen Lebens erahnen, das von ihm ausstrahlt: die Auferstehung in Gott. Die Zukunft der neuen Menschheit ist Gott; eine allererste Vorwegnahme dessen ist seine Kirche. Wenn ihr könnt, lest aufmerksam ihre Geschichte: Ihr werdet merken, dass die Kirche im Laufe der Jahre nicht altert, sondern im Gegenteil immer jünger wird, weil sie dem Herrn entgegengeht und sich immer mehr der einzigen und wahren Quelle nähert, der die Jugend, die Erneuerung, die Lebenskraft entspringt.

Gott macht uns anders, er macht uns neu.

Die Zukunft ist Gott. Gerade haben wir gehört: „Er wird alle Tränen von ihren Augen abwischen: Der Tod wird nicht mehr sein, keine Trauer, keine Klage, keine Mühsal. Denn was früher war, ist vergangen“ (Offb 21,4). Ich sehe unterdessen [...] in euren Herzen einen Zweifel, den ihr mir entgegenhaltet: „Das haben wir ja alles! Was du uns sagst, das sieht man nicht. Die Verheißung trägt das göttliche Siegel – und wir glauben das –, aber wann wird Gott sich erheben, um alles neu zu machen?“ Die Antwort Jesu ist dieselbe, die er seinen Jüngern gegeben hat: „Euer Herz lasse sich nicht verwirren. Glaubt an Gott und glaubt an mich! Im Haus meines Vaters gibt es viele Wohnungen. Wenn es nicht so wäre, hätte ich euch dann gesagt: Ich gehe, um einen Platz für euch vorzubereiten?" (Joh 14,1–2). Aber ihr sagt wiederum: „Einverstanden! Aber wann wird das geschehen?"

Die dynamische Kraft der Zukunft liegt in euch.

Als ihm die Apostel dieselbe Frage stellten, antwortete Jesus: „Euch steht es nicht zu, Zeiten und Fristen zu erfahren, die der Vater in seiner Macht festgesetzt hat. Aber ihr werdet die Kraft des Heiligen Geistes empfangen, der auf euch herabkommen wird; und ihr werdet meine Zeugen sein ... bis an die Grenzen der Erde" (Apg 1,7–8). Wie ihr seht, hat Jesus immer eine Antwort für uns. Er sagt uns eines ganz deutlich: Die Erneuerung beginnt im Innern; ihr werdet eine Kraft aus der Höhe erhalten. Die dynamische Kraft der Zukunft liegt in euch.

Der Sinn der Geschichte

„Siehe, er kommt mit den Wolken, und jedes Auge wird ihn sehen, auch alle, die ihn durchbohrt haben“ (Offb 1,7). Die Worte aus der Offenbarung erinnern uns daran, dass wir alle auf dem Weg zur endgültigen Begegnung mit Christus sind, wenn er vor uns den Sinn der Geschichte der Menschheit enthüllen wird, deren Mittelpunkt das Kreuz seines Heil bringenden Opfers ist. Als Gemeinschaft von Jüngern sind wir auf dem Weg zu jener Begegnung mit der Hoffnung und dem Vertrauen, dass es für uns der Tag des Heils sein wird, der Tag der Erfüllung all dessen, wonach wir uns sehnen, dank unserer Bereitschaft, uns von der gegenseitigen Liebe leiten zu lassen, die sein Geist in uns weckt. Wir gründen dieses Vertrauen nicht auf unsere Verdienste, sondern auf das Gebet, in dem Christus den Sinn seines Kommens auf die Erde und seines Erlösungstodes enthüllt: „Vater, ich will, dass alle, die du mir gegeben hast, dort bei mir sind, wo ich bin. Sie sollen meine Herrlichkeit sehen, die du mir gegeben hast, weil du mich schon geliebt hast vor der Erschaffung der Welt“ (Joh 17,24). Auf dem Weg zur Begegnung mit Christus, der „mit den Wolken“ kommt, verkünden wir mit unserem Leben seinen Tod und preisen wir seine Auferstehung, bis er kommt in Herrlichkeit. Wir spüren die Last der Verantwortung, die all das mit sich bringt; die Botschaft Christi soll nämlich durch den Einsatz derer, die an ihn glauben und beru-

Wir sind auf dem Weg zur endgültigen Begegnung mit Christus.

fen sind, Zeugnis davon zu geben, dass er wirklich vom Vater gesandt ist (vgl. Joh 17,23), jeden Menschen auf Erden erreichen. Es ist daher notwendig, dass wir bei der Verkündigung des Evangeliums von dem Bestreben bewegt sind, gegenseitige Beziehungen aufrichtiger Liebe zu pflegen, damit im Lichte dieser Beziehungen alle erkennen, dass der Vater seinen Sohn gesandt hat und dass er die Kirche und jeden von uns liebt, so wie er ihn geliebt hat (vgl. ebd.). Aufgabe der Jünger Christi, Aufgabe eines jeden von uns ist es daher, nach einer solchen Einheit zu streben, so dass wir als Christen zum sichtbaren Zeichen seiner Heil bringenden Botschaft werden, die an jeden Menschen gerichtet ist.

Die Botschaft Christi soll jeden Menschen auf Erden erreichen.

Die Suche nach Frieden

Der heilige Augustinus hat den Frieden beschrieben als „tranquillitas ordinis“, als die Ruhe der Ordnung, das heißt als die Situation, die letztlich ermöglicht, die Wahrheit des Menschen vollständig zu achten und zu verwirklichen.
Wer und was kann also die Verwirklichung des Friedens verhindern? In diesem Zusammenhang betont die Heilige Schrift in ihrem ersten Buch, der Genesis, die Lüge, die zu Beginn der Geschichte von dem doppelzüngigen Wesen ausgesprochen wurde, das der Evangelist Johannes als den „Vater der Lüge“ bezeichnet (Joh 8,44).

Die Lüge ist auch eine der Sünden, welche die Bibel im letzten Kapitel ihres letzten Buches, der Offenbarung, erwähnt, um den Ausschluss der Lügner aus dem himmlischen Jerusalem anzukündigen: „Draußen bleibt ... jeder, der die Lüge liebt und tut" (Offb 22,15). Mit der Lüge ist das Drama der Sünde mit ihren perversen Folgen verbunden, die verheerende Auswirkungen im Leben der Einzelnen sowie der Nationen verursacht haben und weiter verursachen. Man denke nur daran, was im vergangenen Jahrhundert geschehen ist, als irrige ideologische und politische Systeme die Wahrheit planmäßig verfälschten und so zur Ausbeutung und Unterdrückung einer erschütternden Anzahl von Menschen führten, ja, sogar ganze Familien und Gemeinschaften ausrotteten. Wie könnte man nach diesen Erfahrungen nicht ernstlich besorgt sein angesichts der Lügen unserer Zeit, die den Rahmen bilden für bedrohliche Szenerien des Todes in nicht wenigen Regionen der Welt? Die echte Suche nach Frieden muss von dem Bewusstsein ausgehen, dass das Problem der Wahrheit und der Lüge jeden Menschen betrifft und sich als entscheidend erweist für eine friedliche Zukunft unseres Planeten.

Draußen bleibt ... jeder, der die Lüge liebt.

Die aus der großen Bedrängnis kommen

Da fragte mich einer der Ältesten: Wer sind diese, die weiße Gewänder tragen, und woher sind sie gekommen? Ich erwiderte ihm: Mein Herr, das musst du wissen. Und er sagte zu mir: Es sind die, die aus der großen Bedrängnis kommen; sie haben ihre Gewänder gewaschen und im Blut des Lammes weiß gemacht.
Offb 7,13–14

Der Älteste, der fragt, wer die sind, die weiße Gewänder tragen, und wo sie herkommen, erhält zur Antwort, dass es die sind, die „ihre Gewänder gewaschen und im Blut des Lammes weiß gemacht" haben (Offb 7,14). Auf den ersten Blick ist dies eine seltsame Antwort. Aber in der verschlüsselten Sprache des Sehers von Patmos enthält sie einen klaren Hinweis auf die helle Flamme der Liebe, die Christus dazu bewegt hat, sein Blut für uns zu vergießen. Durch dieses Blut sind wir rein geworden. Auf jene Flamme gestützt, haben auch die Märtyrer ihr Blut vergossen und sind rein geworden in der Liebe: in der Liebe Christi, die sie dazu befähigt hat, sich ihrerseits aus Liebe zu opfern. Jesus hat gesagt: „Es gibt keine größere Liebe, als wenn einer sein Leben für seine Freunde hingibt" (Joh 15,13). Jeder Glaubenszeuge lebt diese „größere" Liebe und ist nach dem Vorbild des göttlichen Meisters bereit, das Leben für das Reich Gottes hinzugeben. Auf diese Weise wird man ein Freund Jesu; so wird man ihm ähnlich, indem man das Opfer bis zum äußersten annimmt, ohne der hingebungsvollen Liebe und dem Dienst am Glauben Grenzen zu setzen. ...

Wenn die Christen wirklich Sauerteig, Licht und Salz der Erde sind, werden auch sie, wie das bei Jesus geschah, Gegenstand von Verfolgungen; wie er sind sie ein „Zeichen, dem widersprochen wird". Das brüderliche Zusammenleben, die Liebe, der Glaube, die Entscheidungen zugunsten der Schwächsten und der Armen, die das Leben der christlichen Gemeinschaft kennzeichnen, rufen manchmal gewalttätige Feindseligkeit hervor. Wie hilfreich ist es dann, auf das leuchtende Zeugnis dessen zu blicken, der uns vorausgegangen ist im Zeichen einer heroischen Treue bis zum Martyrium!

Es gibt keine größere Liebe, als wenn einer sein Leben für seine Freunde hingibt.

Freunde Gottes werden

Die Heiligen sind keine kleine Gruppe Auserwählter, sondern eine unzählige Schar. In dieser Menge finden sich nicht nur die offiziell anerkannten Heiligen, sondern die Getauften aller Zeiten und Nationen, die versucht haben, mit Liebe und in Treue den Willen Gottes zu erfüllen. Von den meisten von ihnen kennen wir nicht das Antlitz und nicht einmal den Namen, aber mit den Augen des Glaubens sehen wir sie am Firmament Gottes strahlen wie herrlich leuchtende Sterne.

Die Kirche feiert ihre Würde als „Mutter der Heiligen, Abbild der himmlischen Stadt" (A. Manzoni) und zeigt ihre Schönheit als unbefleckte Braut Christi, Quelle und Vorbild jeder Heiligkeit. Gewiss fehlen in ihr widerspenstige, ja geradezu rebellische Söhne und Töchter nicht, aber die ihr eigenen Wesenszüge erkennt sie in den Heiligen, und an ihnen hat sie ihre höchste Freude. Der Verfasser des Buches der Offenbarung beschreibt sie als „eine große Schar aus allen Nationen und Stämmen, Völkern und Sprachen; niemand konnte sie zählen" (Offb 7,9). Dieses Volk umfasst die Heiligen des Alten Testaments, vom gerechten Abel und vom treuen Erzvater Abraham an, die des Neuen Testaments, die unzähligen Märtyrer aus der Anfangszeit des Christentums und die Seligen und Heiligen der nachfolgenden Jahrhunderte bis hin zu den Zeugen Christi unserer Zeit. Sie alle verbindet der Wille, in ihrem Leben das Evangelium zu verkörpern, unter

Die Heiligen sind eine unzählige Schar.

dem Antrieb des Heiligen Geistes, der das Gottesvolk auf ewig beseelt.

Aber „wozu dient den Heiligen unser Lob, wozu unsere Verherrlichung, wozu dieses ganze Hochfest“? Mit dieser Frage beginnt eine berühmte Predigt des hl. Bernhard zum Allerheiligenfest. Es ist eine Frage, die man sich auch heute stellen könnte. Und aktuell ist auch die Antwort, die uns der Heilige gibt: „Die Heiligen brauchen unsere Ehren nicht. Unsere Frömmigkeit gibt ihnen nichts. ... Ich gestehe, dass mich starkes Verlangen erfasst, wenn ich das bedenke“ (Disc. 2; Opera Omnia Cisterc. 5,364ff.). Das also ist die Bedeutung von Allerheiligen: durch den Blick auf das leuchtende Vorbild der Heiligen in uns das große Verlangen zu wecken, wie die Heiligen zu sein, also glücklich darüber zu sein, nahe bei Gott zu leben, in seinem Licht, in der großen Familie der Freunde Gottes. Ein Heiliger zu sein bedeutet, nahe bei Gott, in seiner Familie zu leben. Und das ist unser aller Berufung, die das Zweite Vatikanische Konzil nachdrücklich betont hat und auf die heute in feierlicher Form unsere Aufmerksamkeit gelenkt wird.

Ein Heiliger zu sein bedeutet, nahe bei Gott zu leben.

Aber wie können wir Heilige, Freunde Gottes werden? Auf diese Frage kann man zunächst in negativer Form antworten: Um heilig zu sein, muss man weder außerordentliche Taten und Werke vollbringen noch außergewöhnliche Charismen besitzen. Dann folgt die Antwort in positiver Form: Man muss vor allem auf Jesus hören und ihm dann nachfolgen, ohne angesichts der Schwierigkeiten den Mut zu verlieren. „Wenn einer mir dienen will, folge er mir nach; und wo ich bin, dort wird auch mein Diener sein. Wenn einer mir dient, wird der Vater ihn ehren“ (Joh 12,26). Wer Jesus vertraut und ihn aufrichtig liebt, ist bereit, sich selbst zu entsagen wie das Weizenkorn, das in der Erde begraben liegt. Denn er weiß, dass derjenige, der sein Leben für sich selbst zu behalten sucht, es verliert, und dass derjenige, der sich hingibt – der sich verliert –, gerade so das Leben findet (vgl. Joh 12,24–25). Die Erfahrung der Kirche zeigt, dass jede Form der Heiligkeit, auch wenn sie unterschiedliche Wege geht, immer über das Kreuz, über die Selbstentsagung führt. Die Biografien der Heiligen beschreiben Männer und Frauen, die fügsam waren gegenüber den Plänen Gottes und die manchmal unbeschreibliche Prüfungen und Leiden, Verfolgungen und das Martyrium auf sich genommen haben. Sie harrten aus in ihrem Bemühen; es waren diejenigen – so ist in der Offenbarung zu lesen –, „die aus der großen Bedrängnis kommen; sie haben ihre Gewänder gewaschen und im Blut des Lammes weiß gemacht" (Offb 7,14). Ihre Namen sind eingeschrieben in das Buch des Lebens (vgl. Offb 20,12); ihre ewige Wohnstatt ist das Paradies. Das Vorbild der Heiligen ist für uns eine Ermutigung, denselben Weg einzuschlagen, die Freude desjenigen zu erfahren, der Gott vertraut, denn die einzige wahre Ursache der Traurigkeit, des Unglücklichseins liegt für den Menschen darin, fern von Gott zu leben.

Wenn einer mir dient, wird der Vater ihn ehren.

Die Heiligkeit erfordert ständiges Bemühen, sie ist aber für alle möglich, denn die Heiligkeit ist nicht so sehr das Werk des Menschen als vielmehr Geschenk des dreimal heiligen Gottes (vgl. Jes 6,3). In der Zweiten Lesung sagt der Apostel Johannes: „Seht, wie groß die Liebe ist, die der Vater uns geschenkt hat: Wir heißen Kinder Gottes, und wir sind es" (1 Joh 3,1). Gott ist es also, der uns zuerst geliebt und uns in Jesus als seine Kinder angenommen hat. In unserem Leben ist alles eine Gabe seiner Liebe: Wie könnten wir einem so großen Geheimnis gegenüber gleichgültig bleiben? Wie sollten wir auf die Liebe des himmlischen Vaters nicht mit einem Leben als dankbare Kinder antworten? In Christus hat er sich uns ganz geschenkt und ruft uns zu einer tiefen persönlichen Beziehung zu ihm. Je mehr wir also Jesus nachahmen und mit ihm verbunden bleiben, desto mehr treten wir ein in das Geheimnis der göttlichen Heiligkeit. Wir entdecken, dass wir von ihm unendlich geliebt sind, und das spornt uns an, unsererseits unsere Brüder zu lieben. Die Liebe bringt immer einen Akt der Selbstentsagung mit sich, das „Sich-selbst-Verlieren", und macht uns gerade auf diese Weise glücklich.

Das Vorbild der Heiligen ist für uns eine Ermutigung.

Jesus sagt: Selig, die arm sind vor Gott; selig die Trauernden; die keine Gewalt anwenden; die hungern und dürsten nach der Gerechtigkeit; die Barmherzigen; selig, die ein reines Herz haben; die Frieden stiften; die um der Gerechtigkeit willen verfolgt werden (vgl. Mt 5,3–10). In Wahrheit ist der Selige schlechthin nur er, Jesus. Er ist nämlich derjenige, der wirklich arm ist vor Gott; der Trauernde; der, der keine Gewalt anwendet; der, der hungert und dürstet nach der Gerechtigkeit; der Barmherzige; der, der ein reines Herz hat; der, der Frieden stiftet; er ist es, der um der Gerechtigkeit willen verfolgt wird. Die Seligpreisungen zeigen uns die geistliche Gestalt Jesu und bringen so sein Geheimnis zum Ausdruck, das Geheimnis des Todes und der Auferstehung, des Leidens und der Freude der Auferstehung. Dieses Geheimnis, das das Geheimnis der wahren Seligkeit ist, lädt uns zur Nachfolge Jesu und damit auf den Weg der Seligkeit ein. In dem Maße, in dem wir sein Angebot annehmen und uns – jeder seiner Lebenssituation entsprechend – in seine Nachfolge stellen, können auch wir an seiner Seligkeit teilhaben. Mit ihm wird das Unmögliche möglich und geht sogar ein Kamel durch ein Nadelöhr (vgl. Mk 10,25); mit seiner Hilfe, nur mit seiner Hilfe, ist es uns gegeben, vollkommen zu werden, wie der Vater im Himmel vollkommen ist (vgl. Mt 5,48).

Mit Jesus wird das Unmögliche möglich.

Er ist der wahre Weinstock, mit dem die Gläubigen auf Erden und die Heiligen im Himmel wie Reben verbunden sind. Die auf Erden pilgernde Kirche wird daher mit der Kirche, die in der Herrlichkeit triumphiert, in noch engerer Gemeinschaft stehen. In der Präfation werden wir verkünden, dass die Heiligen für uns Fürsprecher und Vorbilder sind. Bitten wir sie, uns zu helfen, sie nachzuahmen, und bemühen wir uns, auf den Ruf Gottes hochherzig zu antworten, so wie sie es getan haben. Bitten wir besonders Maria, Mutter des Herrn und Spiegel aller Heiligkeit. Sie, die Ganzheilige, mache uns zu treuen Jüngern ihres Sohnes Jesus Christus!

Quellennachweis:

Alle Bibeltexte: Einheitsübersetzung der Heiligen Schrift

Alle Texte von Papst Benedikt XVI.:

Seite 8: Die Offenbarung des Johannes, Generalaudienz, 23. August 2006.
Seite 13: Eine Symphonie des Gebets, Generalaudienz, 5. September 2012; Generalaudienz, 12. September 2012.
Seite 28: Ein Lied zum Lobpreis Gottes, Generalaudienz, 11. Mai 2005.
Seite 34: Maria hält den Weg offen, Predigt, 15. August 2008.
Seite 36: Maria als Symbol der Kirche, Ansprache an der Mariensäule auf dem Spanischen Platz in Rom zum Hochfest der ohne Erbsünde empfangenen Jungfrau und Gottesmutter Maria, 8. Dezember 2011.
Seite 39: Die Gegenwart Gottes in Maria, Predigt, 15. August 2011.
Seite 44: Eine wunderbare Vision, Predigt in Aparecida (Braslilien), 13. Mai 2007.
Seite 47: Die tiefste Sehnsucht des Menschen, Predigt, 3. Mai 2010.
Seite 48: Ich mache alles neu, Predigt, 2. Mai 2010.
Seite 50: Erneuerung beginnt im Innern, Ansprache bei der Begegnung mit Jugendlichen in Angola, 21. März 2009.

Seite 53: Der Sinn der Geschichte, Ansprache beim Ökumenischen Treffen in Warschau, 25. Mai 2006.
Seite 54: Die Suche nach Frieden, Botschaft zum Weltfriedenstag, 1. Januar 2006.
Seite 56: Die aus der großen Bedrängnis kommen, Predigt, 7. April 2008.
Seite 58: Freunde Gottes werden, Predigt, 1. November 2006.